Impressum
Verlag: BABADADA GmbH, Nedderfeld 112 , 22529 Hamburg
Geschäftsführer / Verlagsleitung: Harald Hof
Druck: Books on Demand GmbH, In de Tarpen 42, 22848 Norderstedt

Imprint
Publisher: BABADADA GmbH, Nedderfeld 112 , 22529 Hamburg, Germany
Managing Director / Publishing direction: Harald Hof
Print: Books on Demand GmbH, In de Tarpen 42, 22848 Norderstedt

école
sukuu

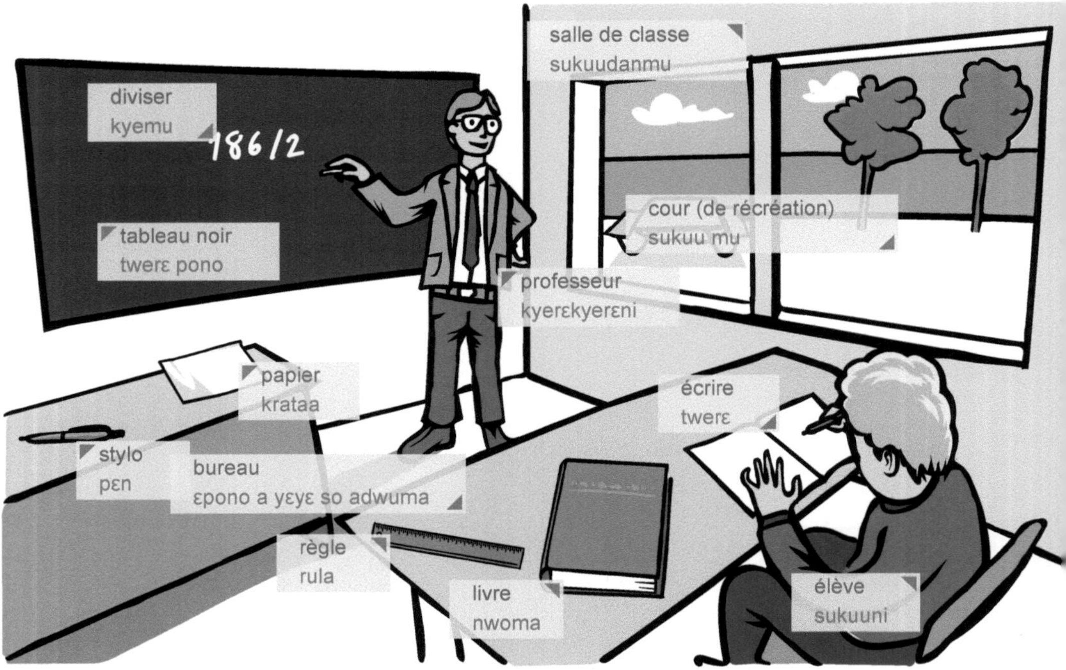
salle de classe
sukuudanmu
diviser
kyemu
186/2
tableau noir
twerɛ pono
cour (de récréation)
sukuu mu
professeur
kyerɛkyerɛni
papier
krataa
écrire
twerɛ
stylo
pɛn
bureau
ɛpono a yɛyɛ so adwuma
règle
rula
livre
nwoma
élève
sukuuni

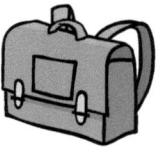

cartable
baage

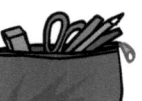

trousse
twerɛdua konko

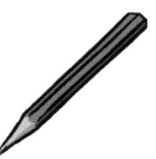

crayon
twerɛdua

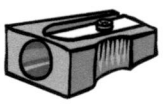

taille-crayon
deɛ yɛde sensen twerɛdua ano

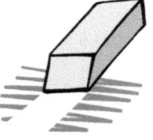

gomme
rɔba

carnet à dessin
krataa a yɛdwi adeguso

dessin

adedwie

pinceau

penti brɔhye

boîte de peinture

penti adaka

ciseaux

apasoɔ

colle

aman

cahier d'exercices

nwoma a yɛyɛ mu adwuma

devoirs

efie adwuma

12

chiffre

nɔma

2+2

additionner

kabom

5-2

soustraire

te fri mu

2×2

multiplier

mmɔho

calculer

sese

lettre

lɛtɛ

ABCDEFG HIJKLMN OPQRSTU VWXYZ

alphabet

ntwerɛeɛ

mot

asɛmfua

texte

ntwerɛdeɛ

lire

kenkan

craie

kyɔk

leçon

adesua

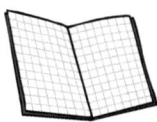

livre de classe

twerɛ wo din

examen

nsɔhwɛ

certificat

abodinkrataa

uniforme scolaire

sukuu ataadeɛ

formation

adesua

lexique

nyansa nwoma

université

suapɔn

microscope

maakroskop

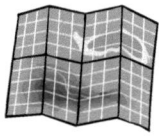

carte

map

corbeille à papier

kɛntɛn a yɛde krataa nwura
gu mu

voyage
akwantuo

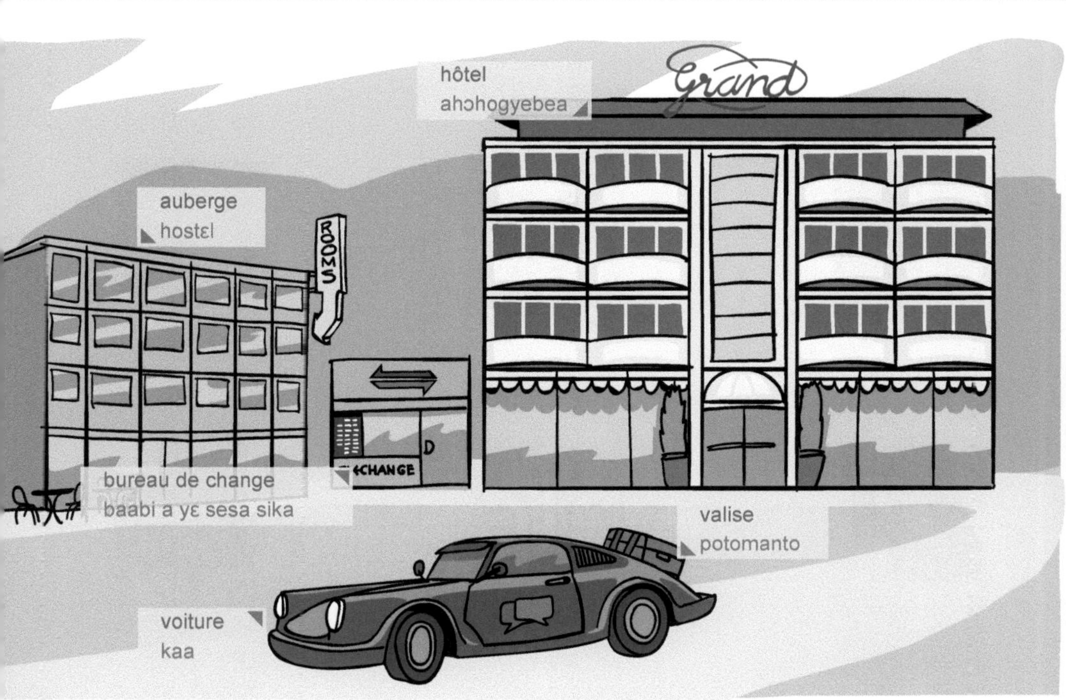
hôtel
ahɔhogyebea
Grand
auberge
hostɛl
ROOMS
bureau de change
baabi a yɛ sesa sika
CHANGE
valise
potomanto
voiture
kaa

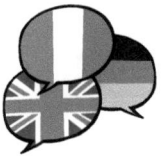

langue

kasa

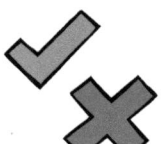

oui / non

aane / dabi

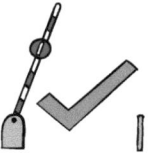

d'accord

Yoo

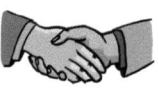

Salut

hɛlo

interprète

kasa asekyerɛfoɔ

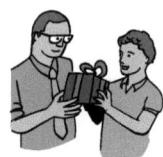

merci

Medaase

Combien coûte...?

...boɔ yɛ sɛn?

Je ne comprends pas

Me nte aseɛ

problème

ɔhaw

Bonsoir !

Maadwo!

Bonjour !

Maakye!

Bonne nuit !

Dayie!

Au revoir

baibai o

direction

akwankyerɛ

bagages

wo nneɛma

sac

botɔ

sac-à-dos

akyirebotɔ

hôte

ɔhɔhoɔ

pièce

danmu

sac de couchage

botɔ a yɛda mu

tente

ntomadan

office de tourisme

nsɛm dema wɔn a wɔkɔ nsrahwɛ

plage

mpoano

carte de crédit

kaade a yɛde yi sika

petit-déjeuner

anɔpa aduane

déjeuner

awua aduane

dîner

anwumerɛ aduane

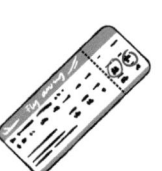

billet

tiket

ascenseur

pegya

timbre

stamp

frontière

ɛhyeɛ so

douane

kutɔmfoɔ

ambassade

embasi

visa

visa

passeport

passpɔt

transport
akɔneabadie

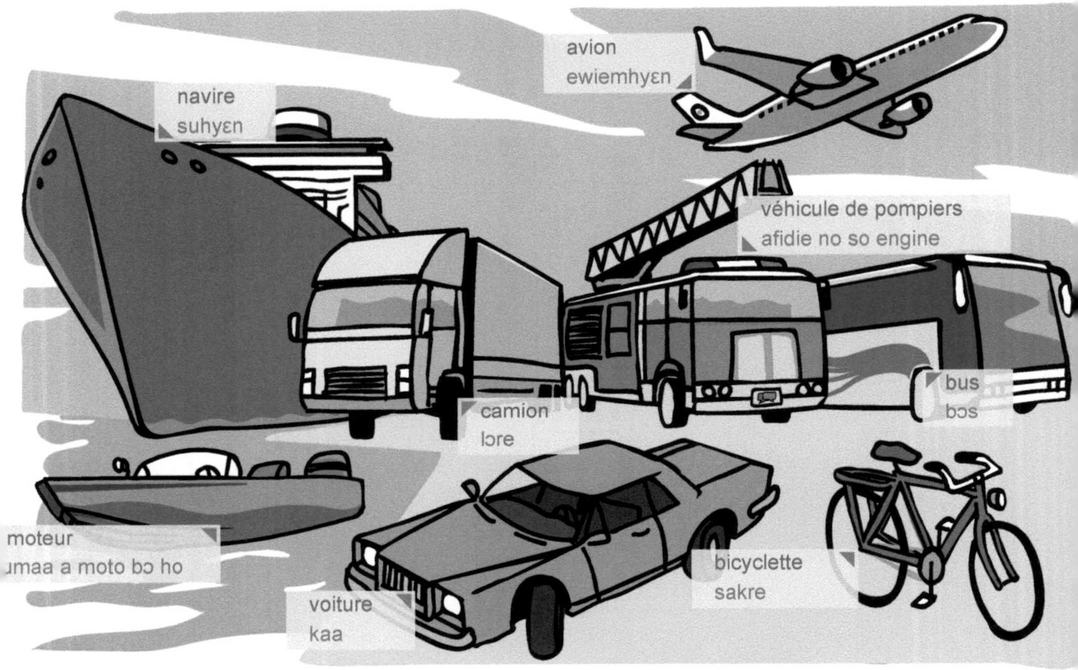

avion
ewiemhyɛn
navire
suhyɛn
véhicule de pompiers
afidie no so engine
bus
bɔs
camion
lɔre
moteur
ɹmaa a moto bɔ ho
bicyclette
sakre
voiture
kaa

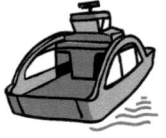

ferry

hyɛma

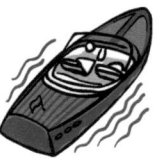

barque

suhyɛn kumaa

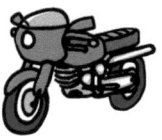

moto

motosakre

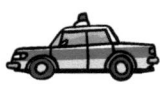

voiture de police

polisifoɔ kaa

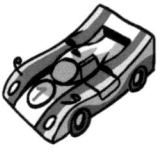

voiture de course

kaa a ɛkɔ mirika akansie

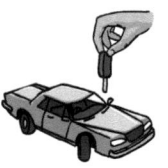

voiture de location

kaa a yɛde ma ahan

auto-partage

wɔre kyɛ kaa

voiture de remorquage

ɔre a asɛɛɛ

benne à ordures

bɔɔla kaa

moteur

moto

essence

pɛtro

station d'essence

baabi a yɛbu pɛtro

panneau indicateur

trafik ahyɛnsodeɛ

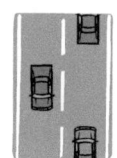

trafic

trafik

embouteillage

trafik akye

parking

baabi a yɛde kaa esi

gare

keteke gyinabea

rails

keteke kwan

train

keteke

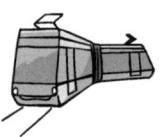

tramway

tram

wagon

ponkɔ kaa

hélicoptère

helikopta

aéroport

ewiemhyɛnbea

tour

abansoro

passager

apasingyani

conteneur

tontowa

carton

adaka

chariot

kaate

corbeille

kɛntɛn

décoller / atterrir

atu / asi fam

ville

kuro kɛseɛ

village

akurase

centre-ville

kuro dwaberɛ mu

maison

efie

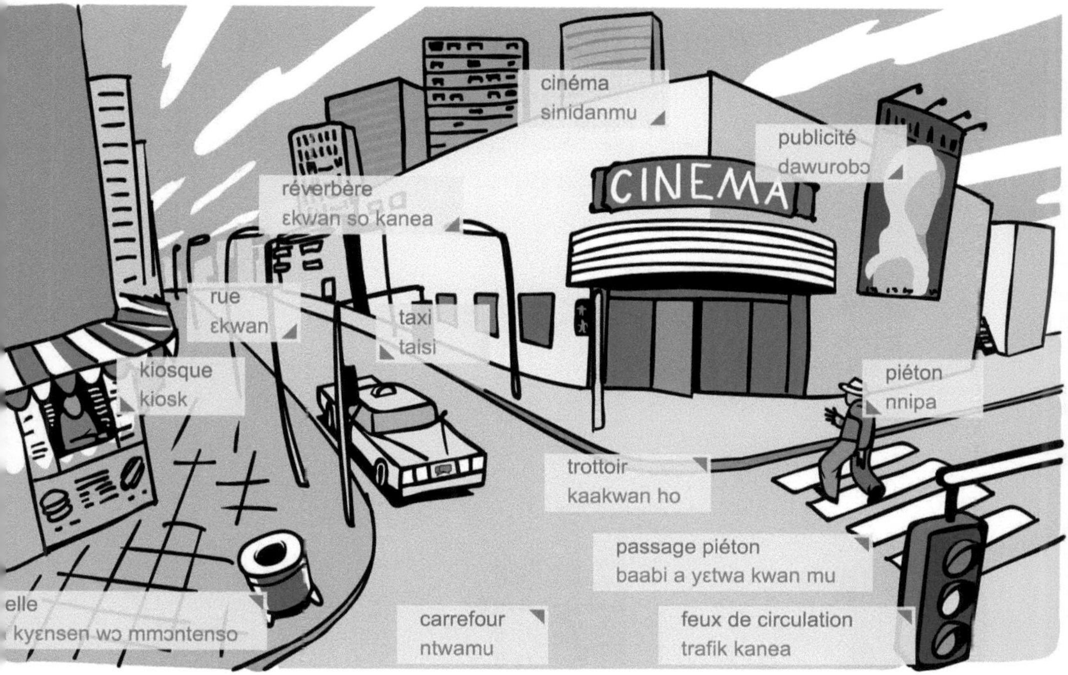
cinéma
sinidanmu
publicité
dawurobɔ
CINEMA
réverbère
ɛkwan so kanea
rue
ɛkwan
taxi
taisi
kiosque
kiosk
piéton
nnipa
trottoir
kaakwan ho
passage piéton
baabi a yɛtwa kwan mu
elle
kyɛnsen wɔ mmɔntenso
carrefour
ntwamu
feux de circulation
trafik kanea

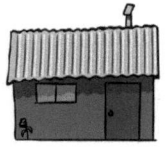

cabane

apata

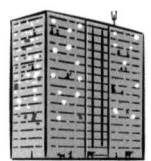

appartement

efie

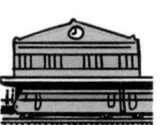

gare

keteke gyinabea

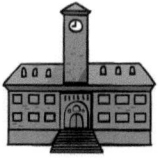

mairie

adwaberɛm

MUSEUM

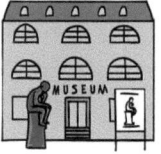

musée

bea a yɛ kora tete nneɛma

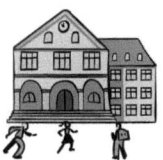

école

sukuu

université

suapɔn

banque

sikakrobea

hôpital

ayaresabea

hôtel

ahɔhogyebea

pharmacie

famasi

bureau

asoeɛ

librairie

sotɔɔ a wɔtɔn nwoma

magasin

sotɔɔ

fleuriste

baabi yɛtɔn nhwiren

supermarché

sotɔɔpɔn

marché

edwam

grand magasin

sotɔɔ kɛseɛ

poissonnerie

baabi a yɛtɔn mpataa

centre commercial

dwadibea kɛseɛ

port

suhyɛn gyinabea

parc

baabi kaa gyina

banque

bɛnkye

pont

ɛtwene

escaliers

atwedeɛ

métro

asaase ase

tunnel

ɛbɔn

arrêt de bus

baabi a bɔs gyina

bar

nsanombea

restaurant

adidibea

boîte à lettres

lɛta adaka

panneau indicateur

ɛkwan so akwankyerɛ

parcmètre

baabi kaa gyina ho mita

zoo

zoo

piscine

nsuo a yɛ dware mu

mosquée

nkramodan

ville - kuro kɛseɛ

ferme

afuo

pollution

deɛ egu mmɔnten so fi

cimetière

asieɛ

église

asɔre

aire de jeux

agodibea

temple

asɔre dan

paysage

mmɔnten so asiesie

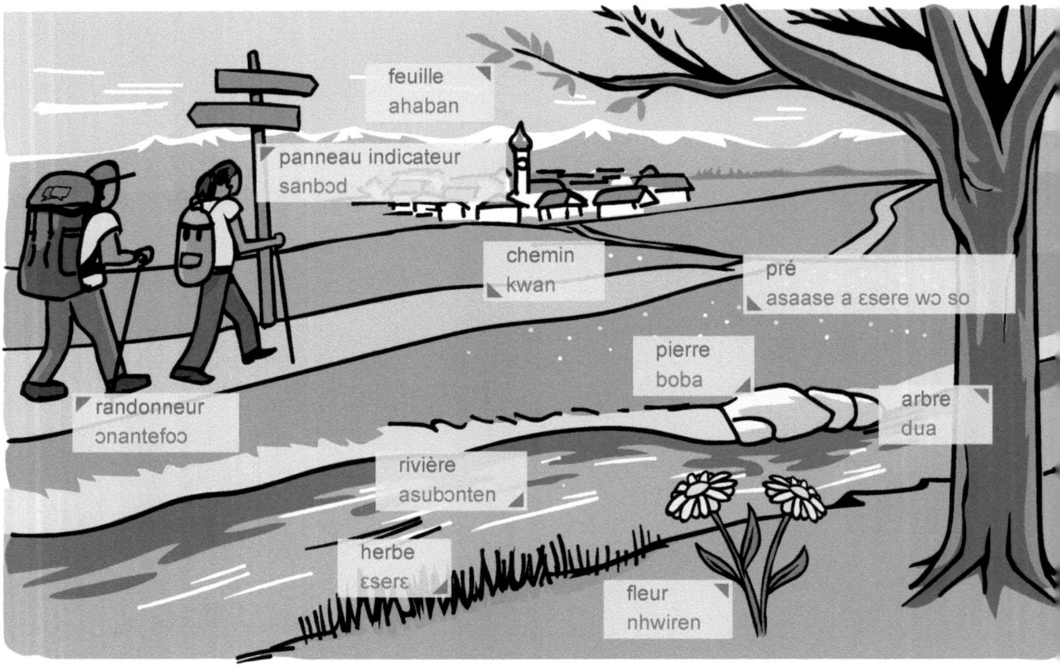

feuille
ahaban

panneau indicateur
sanbɔd

chemin
kwan

pré
asaase a ɛsere wɔ so

pierre
boba

arbre
dua

randonneur
ɔnantefoɔ

rivière
asubɔnten

herbe
ɛsere

fleur
nhwiren

vallée

amenamu

montagne

bepɔ

lac

tadeɛ

forêt

kwaeɛ

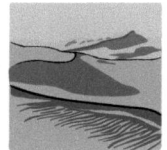

désert

ɛserɛ so

volcan

egya a efri botan mu

château

abankɛseɛ

arc-en-ciel

nyankontɔn

champignon

emere

palmier

abɛtene

moustique

ntomntom

mouche

tu

fourmis

ntɛtea

abeille

wowa

araignée

ananse

coléoptère

amankuo

grenouille

aponkyerɛni

écureuil

opuro

hérisson

apɛsɛ

lièvre

adanko

chouette

patuo

oiseau

anomaa

cygne

nsuo mu dabodabo

sanglier

kɔkɔte

cerf

adoa

élan

ɔtweenini

barrage

dam

éolienne

wind turbine afidie

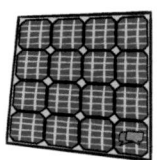

panneau solaire

afidie a ɛkye awia

climat

wiem nsakraeɛ

restaurant

adidibea

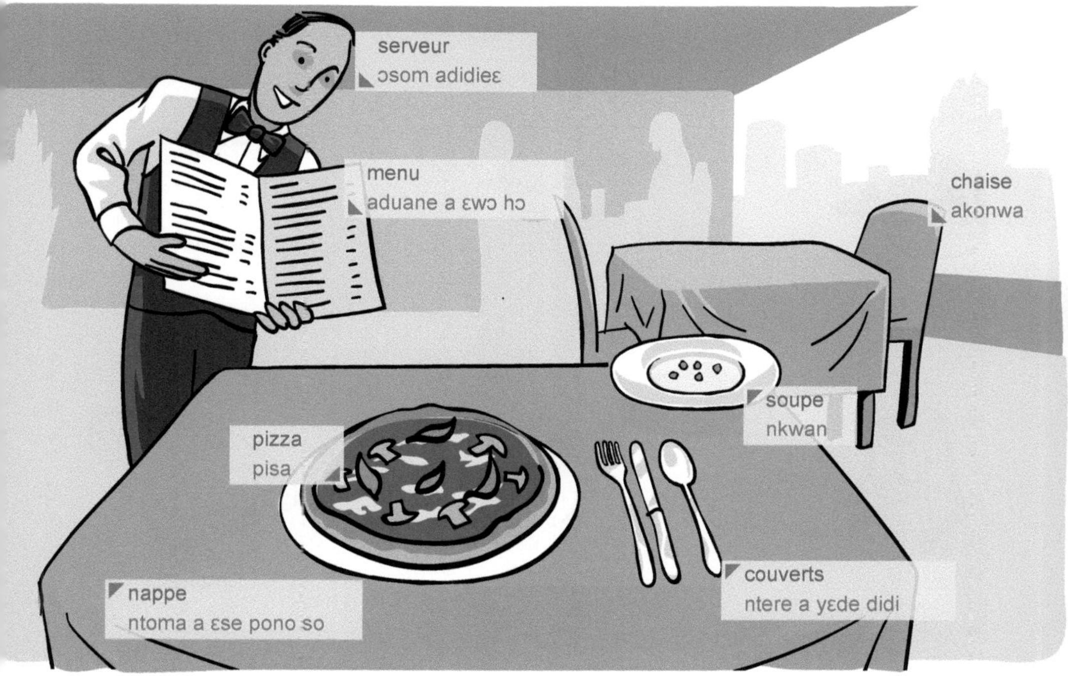
serveur
ɔsom adidieɛ
menu
aduane a ɛwɔ hɔ
chaise
akonwa
soupe
nkwan
pizza
pisa
nappe
ntoma a ɛse pono so
couverts
ntere a yɛde didi

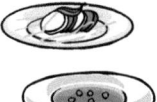

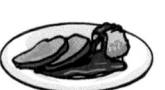

hors d'œuvre

mprampra anom

plat principal

aduane no ankasa

dessert

mpa anom

boissons

nsa

alimentation

aduane

bouteille

toa

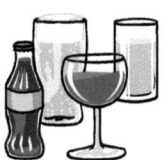

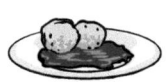

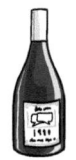

fast-food

aduane hyewhyew

plats à emporter

abɔnten so aduane

théière

tii kukuo

sucrier

asikyire konko

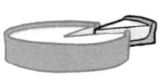

portion

wo kyɛfa

machine à expresso

espresso afidie

chaise haute

akonwa tenten

facture

wo ka

plateau

apanpan

couteau

sekan

fourchette

adinam

cuillère

atere

cuillère à thé

atere ketewa

serviette

napkin a yɛde pepa ano

verre

glase

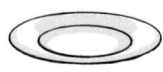

assiette

prɛte

assiette à soupe

kwan kyɛnsee

soucoupe

prɛte ketewa

sauce

abomu

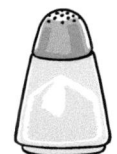

salière

nkyene kukuo

moulin à poivre

yɛde yam mako

vinaigre

fenega

huile

anwa

épices

aduhwam

ketchup

kɛkyɔp

moutarde

mustad

mayonnaise

mayones

supermarché

sotɔɔpɔn

offre promotionnelle
ntesoɔ soronko
FOR
client
adetɔfoɔ
produits laitiers
nanatwie nufusuo
fruits
aduaba
chariot
hwiili

BUTCHERS

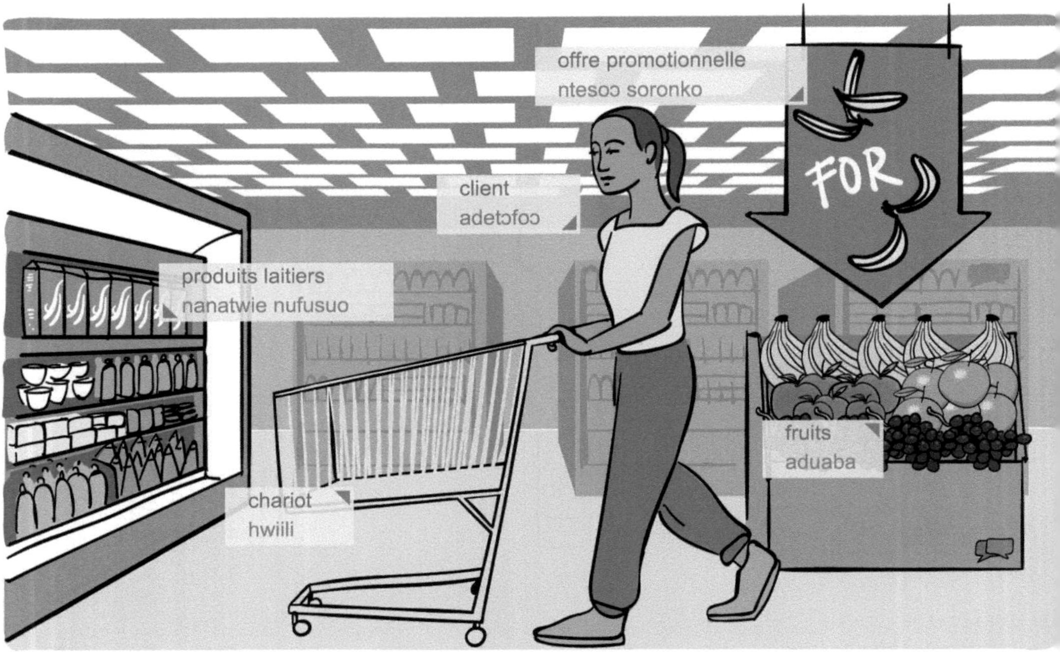

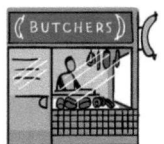

boucherie

baabi a yɛtɔn nam

BAKERY

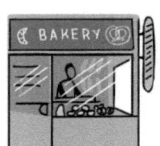

boulangerie

baabi a yɛtɔn paano

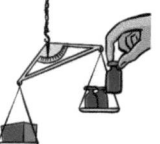

peser

susu

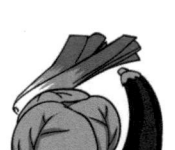

légumes

atosodeɛ

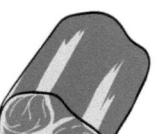

viande

nam

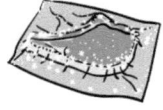

aliments surgelés

frigyemu aduane

charcuterie

nam a adwoɔ

conserves

kyɛnsee mu aduane

poudre à lessive

paoda samena

bonbons

adedɔkɔdɔkɔ

articles ménagers

efie nneɛma

détergents

adetɔneɛ a yɛde pepa fin

vendeuse

nnipa a ɔtɔn adeɛ

caisse

afidie a egye sika

caissier

ɔgyegye sika

liste d'achats

krataa a wodi rekɔ di dwa

heures d'ouverture

berɛ a wɔde bua

portefeuille

sikabotɔ

carte de crédit

kaade a yɛde yi sika

sac

baage

sac en plastique

rɔba baage

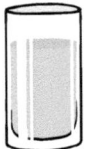

eau

nsuo

jus de fruit

aduaba mu nsuo

lait

nufusuo

coca

kok

vin

wain nsa

bière

biya

alcool

mmorosa

chocolat chaud

kokoo

thé

tii

café

kofe

expresso

espresso

cappuccino

kapukyino

banane

kwadu

pomme

apol

orange

ankaa

melon

melon

citron

akutɔɔ

carotte

karɔt

ail

garlik

bambou

pampro

oignon

gyeene

champignon

mmere

noisettes

nkateɛ

pâtes

talia

spaghetti

spageti

riz

ɛmo

salade

salad

pommes frites

kyipis

pommes de terre rôties

abrɔdwomaa a y'akye

pizza

pisa

hamburger

hambɔga

sandwich

sanwekye

escalope

nam a dompe nnim

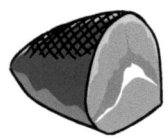

jambon

preko nam

salami

nam a y'ahata

saucisse

sɔsege

poulet

akokɔ

rôti

toto

poisson

apataa

flocons d'avoine

oosu koko

muesli

muesli

cornflakes

konflese

farine

esam

croissant

krossant

petits-pains

paano a y'aboboɔ

pain

paano

pain grillé

paano a y'atoto

biscuits

biskete

beurre

bɔta

le fromage blanc

nufusuo a ada

gâteau

keeke

œuf

kosua

œuf au plat

kosua a y'akyeɛ

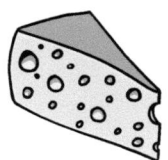

fromage

kyiis

glace

asskrim

sucre

asikyire

miel

ɛwoɔ

confiture

gyaam

crème nougat

kyokolete

curry

kɔri

ferme

afuo

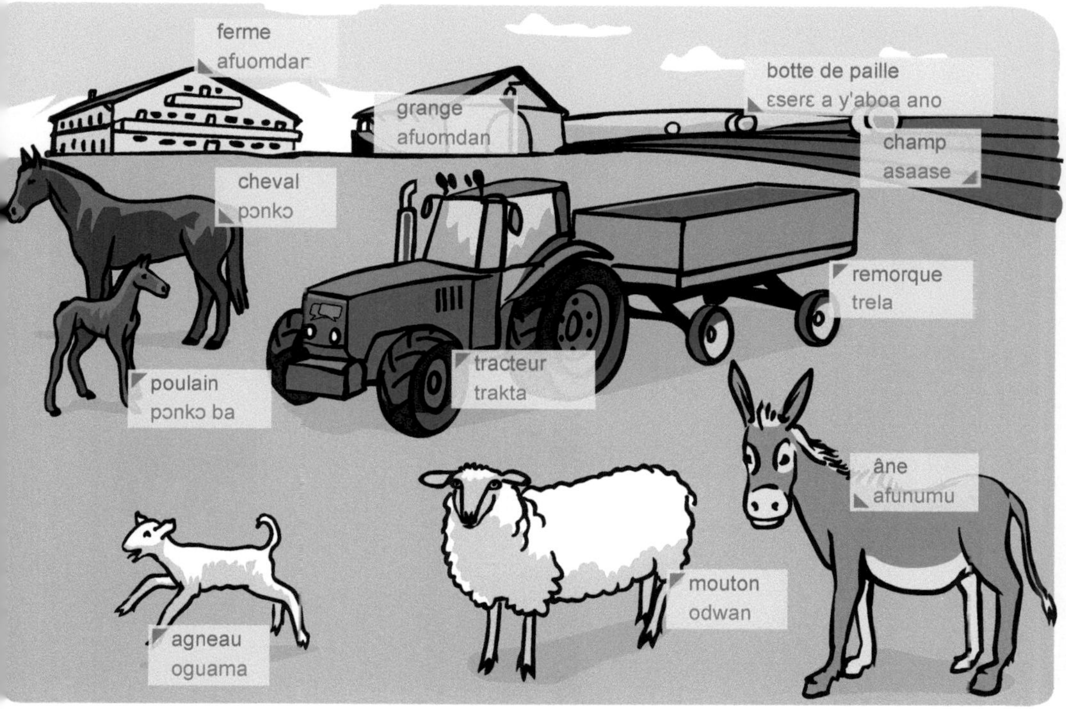
ferme
afuomdan
grange
afuomdan
botte de paille
ɛserɛ a y'aboa ano
champ
asaase
cheval
pɔnkɔ
remorque
trela
tracteur
trakta
poulain
pɔnkɔ ba
âne
afunumu
mouton
odwan
agneau
oguama

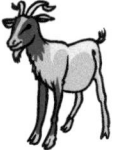

chèvre

apɔnkye

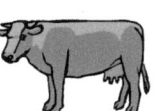

vache

nantwie

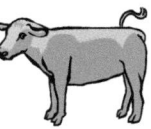

veau

nantwie ba

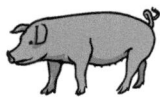

porc

prɛko

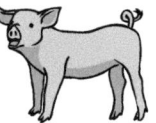

porcelet

prɛko ba

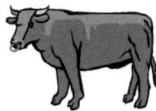

taureau

nantwinini

oie

dabodabo nua

canard

dabodabo

poussin

akokɔba

poule

akokɔbedeɛ

coq

akokɔnini

rat

kusie

chat

ɔkra

souris

akura

bœuf

nantwinini

chien

kraman

chenil

kraman buo

tuyau de jardin

afuom drobɛn

arrosoir

tontora a yɛde gu nsuo

faucheuse

sekan a yɛde twa aburo

charrue

funtum dadeɛ

faucille

kɔntɔnkrɔ

pioche

asɔ

fourche

afuom adinam

hache

akuma

brouette

hweebaro

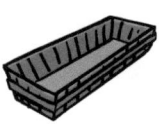

cuve

adidika

pot à lait

nufusuo konko

sac

bɔtɔ

clôture

ɛban

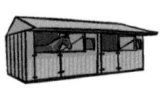

étable

pɔnkɔ dan

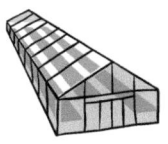

serre

ntomadan a yɛyɛ mu afuo

sol

anwea

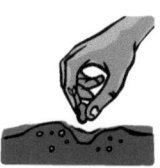

semences

aba

engrais

ɔyɛ asaaseyie

moissonneuse-batteuse

otwaberɛ trakta

récolter
twa

récolte
otwaberɛ

igname
bayerɛ

blé
ayuo

soja
soya

pomme de terre
abrɔdwomaa

maïs
aburo

colza
repu aba

arbre fruitier
dua a ɛso aba

manioc
bankye

céréales
aburo asefoɔ

maison
efie

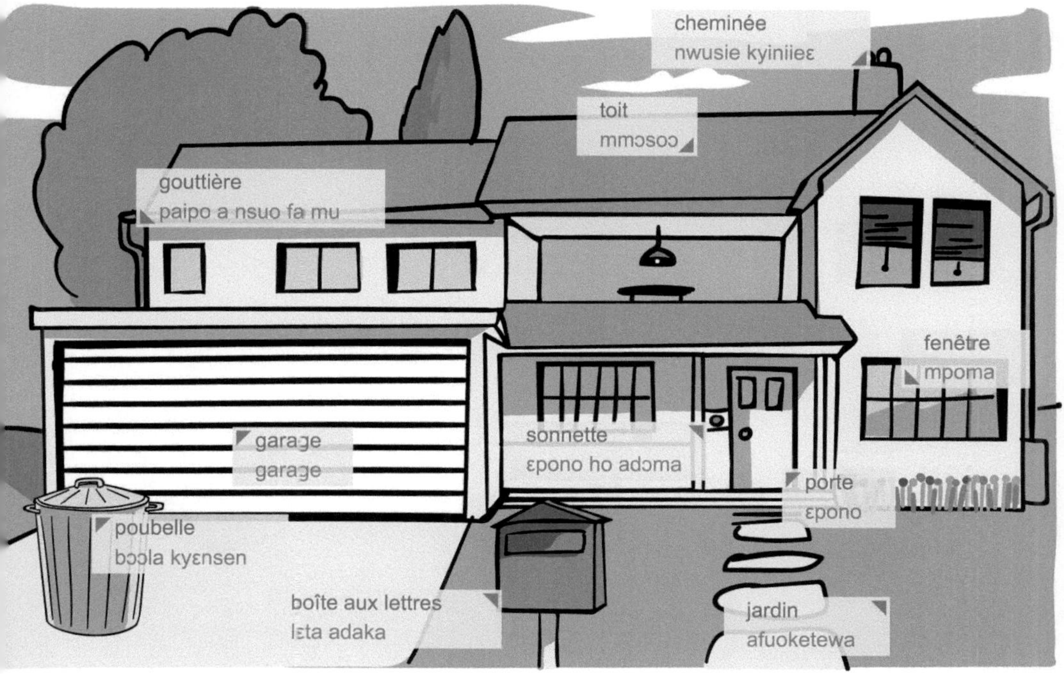

cheminée
nwusie kyiniieɛ
toit
mmɔsoɔ
gouttière
paipo a nsuo fa mu
fenêtre
mpoma
garaɟe
garaɟe
sonnette
ɛpono ho adɔma
porte
ɛpono
poubelle
bɔɔla kyɛnsen
boîte aux lettres
lɛta adaka
jardin
afuoketewa

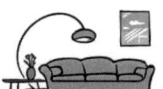

salon

asaso

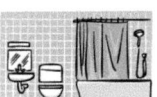

salle de bain

adwareɛ

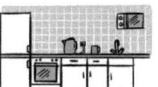

cuisine

mukaase

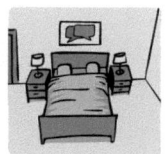

chambre à coucher

pie mu

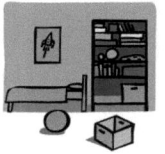

chambre d'enfant

nkwadaa dan mu

salle à manger

dan a yɛdidi mu

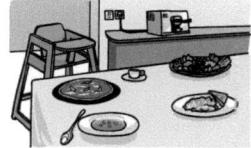

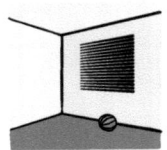

sol

εfam

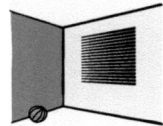

mur

εban

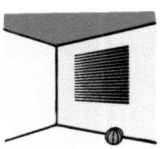

plafond

abruuso

cave

danbloo

sauna

adwereε a εbɔ ɔhyew

balcon

abranaa

terrasse

abranaaso

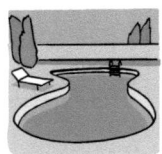

piscine

nsuo a yɛdware mu

tondeuse à gazon

afidie a yɛde dɔ

housse

nsɛfam

couette

ntoma a εse kɛtɛ so

lit

mpa

balai

prayε

sceau

bokiti

interrupteur

dane

salon
asaso

papier peint
krataa a ɛfam dan ho
image
nfonin
lampe
kanea
étagère
kɔbɔd
armoire
kɔbɔd adaka
télé
tiivi
cheminée
egya dabrɛ
fleur
nhwiren
coussin
kuhyɛn
sofa
akonwa kɛseɛ
vase
kukuo a nhwiren hye mu
télécommande
remote

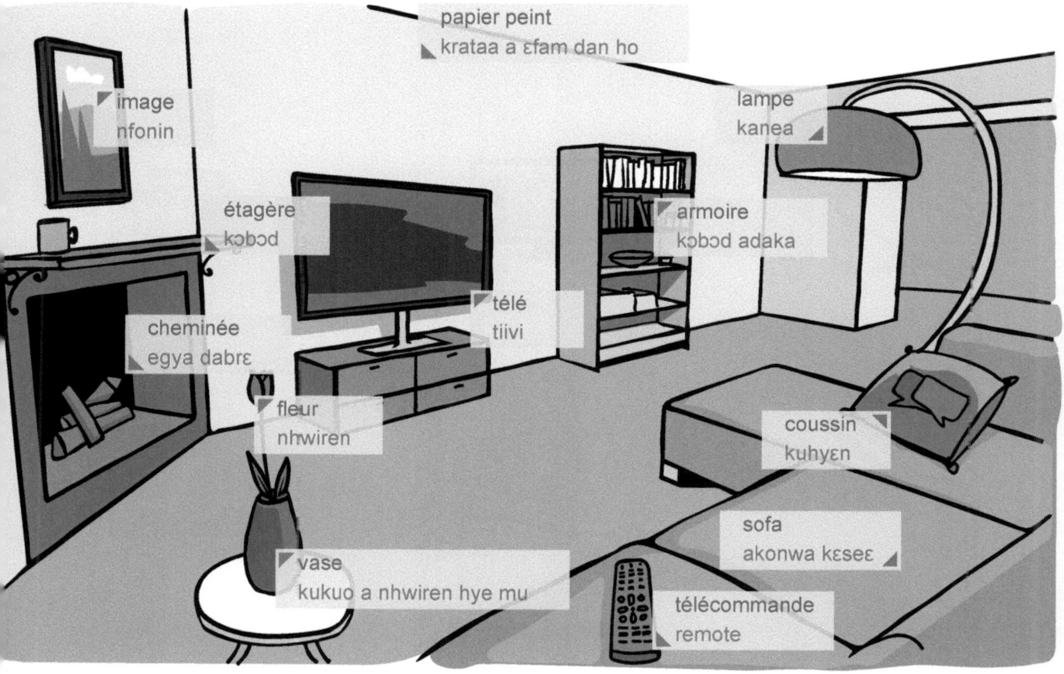

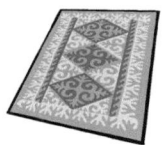

tapis

kapɛte

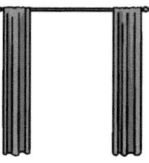

rideau

ntwaa dan mu

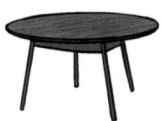

table

ɛpono

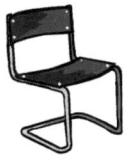

chaise

akonwa

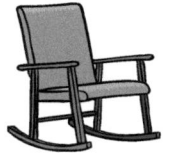

chaise à bascule

akonwa a ehinhim

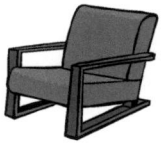

fauteuil

akonwa a yɛgyegye dan

livre

nwoma

couverture

kuntu

décoration

dan mu nsiesie

bois de chauffage

egya

film

sini

chaîne hi-fi

wailɛs

clé

safoa

journal

koowaa krataa

peinture

nfonin a y'adwi

poster

nfam danho

radio

radio

bloc-notes

krataa a yɛ twere mu

aspirateur

afidie a ɛprapra

cactus

kaktus

bougie

kyɛnere

cuisine
mukaase

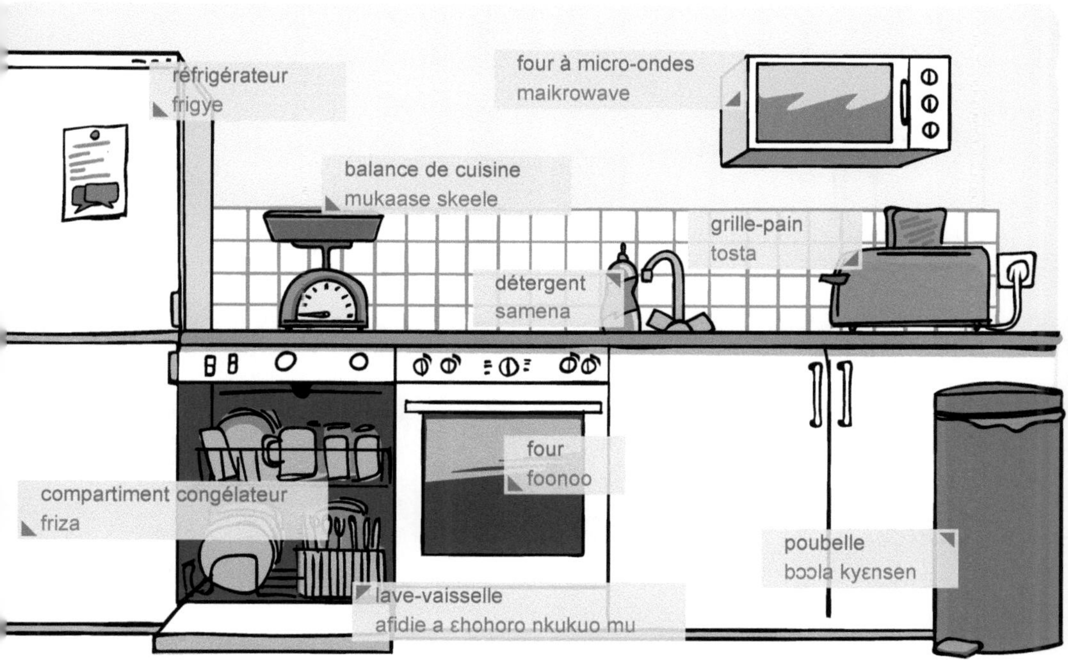
réfrigérateur
frigye
four à micro-ondes
maikrowave
balance de cuisine
mukaase skeele
grille-pain
tosta
détergent
samena
four
foonoo
compartiment congélateur
friza
poubelle
bɔɔla kyɛnsen
lave-vaisselle
afidie a ɛhohoro nkukuo mu

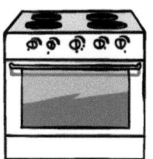

four
....
abɛɛfo bukyea

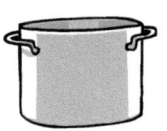

casserole
....
kokuo

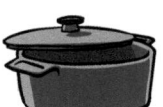

marmite
....
dadesɛn

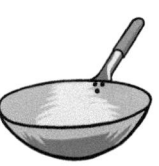

wok / kadai
....
wok / kadai

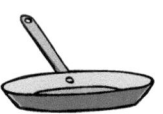

poêle
....
kyɛnsee

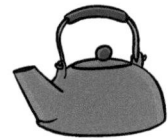

bouilloire electrique
....
nsuo hyeɛ afidie

cuiseur vapeur

stiima

plaque de cuisson

apa a yɛ to so adeɛ

vaisselle

prɛte, kuruwa, ntere ne nea ɛkeka ho

gobelet

kuruwa a etumi bɔ

coupe

kyɛnsee

baguettes

nnua a yɛde didi

louche

kwantre

spatule

dua atere

fouet

yɛde nu adeɛ mu

passoire

sɔneɛ

tamis

fefe

râpe

greta

mortier

waduro

barbecue

kyinkyinga

cheminée

bukyea

planche à découper

ɛpono a yɛ twitwaso adeɛ

rouleau à pâtisserie

ɛta

tire-bouchon

deɛ yɛtu nsa so

boîte

konko

ouvre-boîte

deɛ yɛde bue konko so

maniques

yɛde sɔ kukuo mu

lavabo

sink

brosse

brɔhye

éponge

sapɔ

mixeur

aduane yam fidie

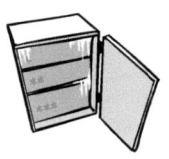

congélateur

friza nini

biberon

toa a abɔdoma nom anc

robinet

paipo

salle de bain

adwareɛ

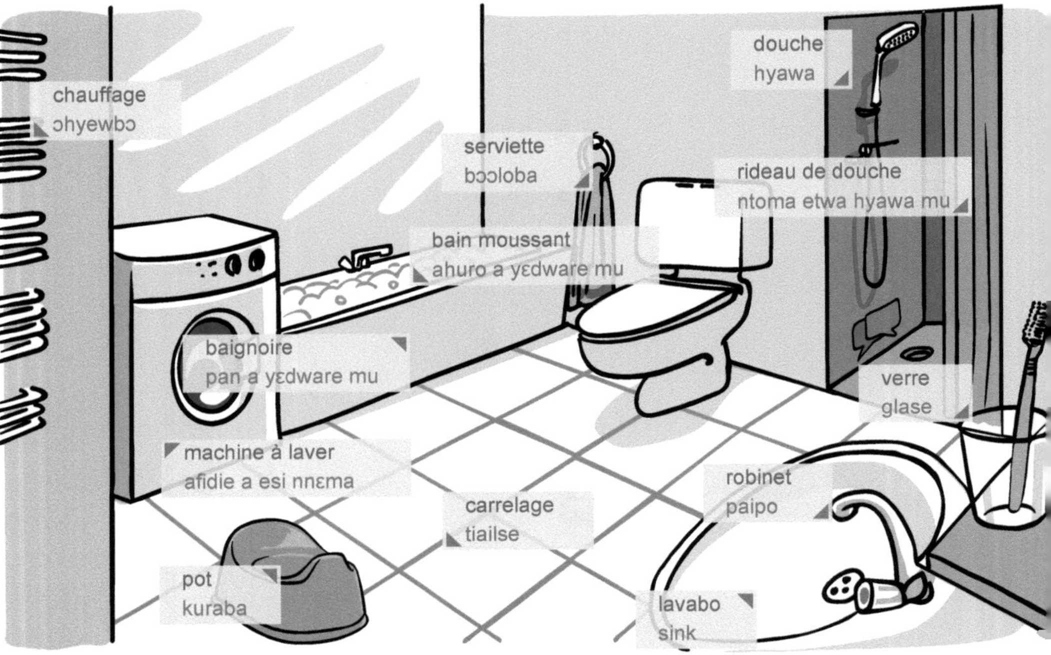

chauffage
ɔhyewbɔ
douche
hyawa
serviette
bɔɔloba
rideau de douche
ntoma etwa hyawa mu
bain moussant
ahuro a yɛdware mu
baignoire
pan a yɛdware mu
verre
glase
machine à laver
afidie a esi nnɛma
robinet
paipo
carrelage
tiailse
pot
kuraba
lavabo
sink

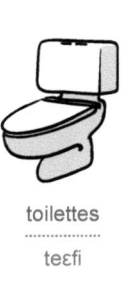

toilettes

teɛfi

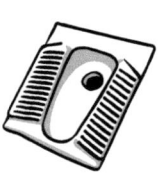

toilette à la turque

teɛfi a yɛ koto so

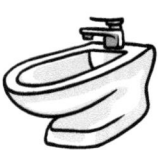

bidet

bidet teɛfi

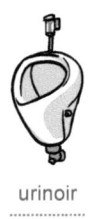

urinoir

dwonsɔ dan

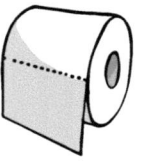

papier toilette

teɛfi so krataa

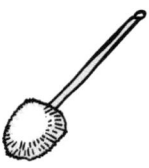

brosse à toilette

teɛfi so brɔhye

brosse à dents

brɔhye a yɛde twitwiri see

dentifrice

aduro a yɛde twitwiri see

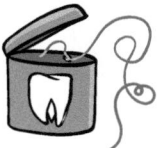

fil dentaire

yɛde yiyi ɛsee mu

laver

si

douche manuelle

hyawa a yɛsɔ mu

douche intime

paipo a yɛde hohoro ananmu

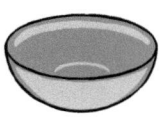

vasque

bokiti

brosse dorsale

brɔhye a wode dware w'akyi

savon

samena

gel douche

hyawa samena

shampooing

nsuo samena

gant de toilette

flanɛl ntoma

écoulement

baabi a nsu fa pue

crème

nku

déodorant

yɛde fefa amotoamu

miroir	miroir cosmétique	rasoir
ahwehwɛ	ahwehwɛ a yɛsɔ mu	bled
		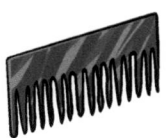
mousse à raser	après-rasage	peigne
ahuro a yɛde yi nwi	aduro a yɛde fefa baabi a wo ayi nwi	afen

brosse	sèche-cheveux	laque pour cheveux
brɔhye	afidie a ɛwo nwi	enwi sopre

fond de teint	rouge à lèvres	vernis à ongles
pɔns	lipstike	penti a yɛde mɔreɛ so

ouate	coupe-ongles	parfum
asaawa	apasoɔ a etwa mmɔreɛ	aduhwam

trousse de toilette

adwareɛ baage

tabouret

edwa

pèse-personne

skele

peignoir

adwereɛ ataadeɛ

gants de nettoyage

rɔba a yɛde hyɛ nsa ho

tampon

tampon

serviettes hygiéniques

abɛɛfo amonsen

toilette chimique

teɛfi a aduro gum

chambre d'enfant

nkwadaa dan mu

réveil
klɔk a ɛbɔ nkaeɛ
doudou
kyoobi
voiture jouet
toi kaa
hochet
akasaa
maison de poupée
broniba dan
cadeau
seeseiara

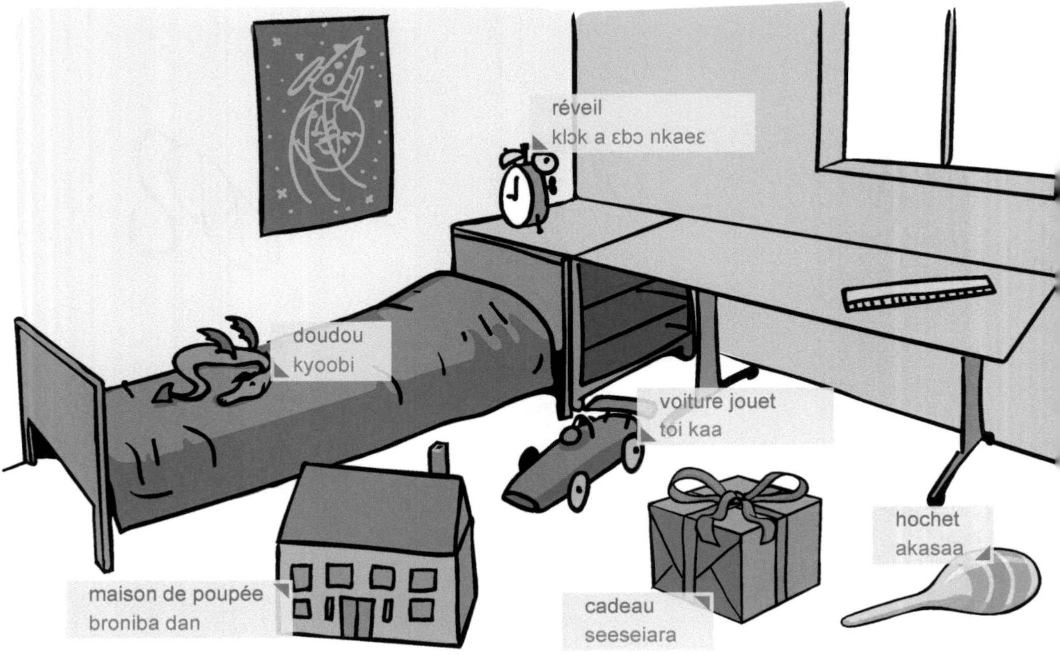

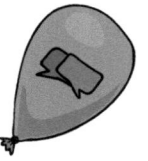

ballon

baaluu

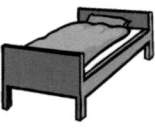

lit

mpa

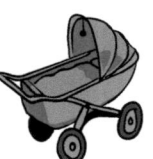

poussette

nkwadaa kaa

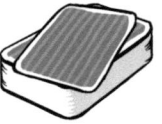

jeu de cartes

sopaa

puzzle

gyiksɔɔ

SUPER MEGA

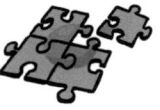

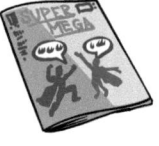

bande dessinée

nsɛnkwa

pièces lego

lego blɔg

blocs de construction

blɔg a yɛde si dan

figurine

nnipa ɔbɔhye

grenouillère

abɔdoma ataadeɛ

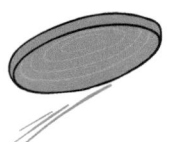

frisbee

frisbee

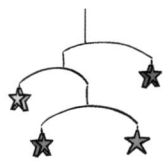

mobile

mobail

jeu de société

ponoso agodie

dé

daahye

train miniature

nkwadaa keteke

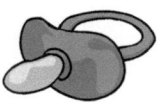

sucette

koliko

fête

apontoɔ

livre d'images

nfonin nwoma

balle

bɔɔlo

poupée

broniba

jouer

di agorɔ

bac à sable
anwea adaka

balançoire
adonko

jouets
tois

console de jeu
video agodie apaawa

tricycle
sakre a ne nan meɛnsa

ours en peluche
kyoobi

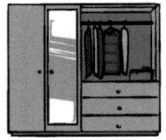

armoire
wɔdropo

vêtements

ntaadeɛ

chaussettes
sɔks

bas
stokens

collant
sekentait

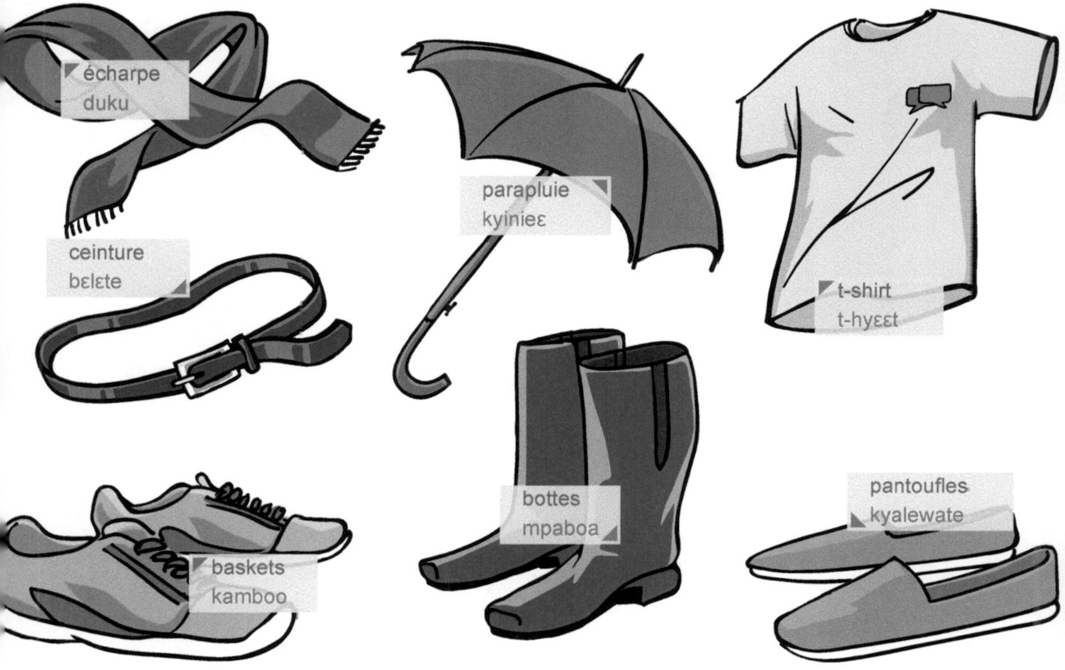

écharpe
duku

parapluie
kyinieɛ

t-shirt
t-hyɛɛt

ceinture
bɛlɛte

bottes
mpaboa

pantoufles
kyalewate

baskets
kamboo

sandales
....
asopatre

chaussures
....
mpoboa

bottes de caoutchouc
....
rɔba mpaboa

sous-vêtements
....
ɛtam

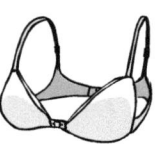

soutien-gorge
....
bra

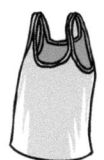

maillot de corps
....
singlɛte

body

nipadua

pantalon

trɔsa

jean

gyins

jupe

sekɛɛt

chemisier

ɛsoro ataadeɛ

chemise

hyɛɛte

pull

nkatoho a ɛko awɔ

sweat à capuche

hoodie

veste

koot

veste

nkatasoɔ

manteau

nkatasoɔ

imperméable

nsutɔ mu nkataho

costume

dwumadie bi ho ataadeɛ

robe

mmaa atadeɛ

robe de mariée

ayefrɔ ataadeɛ

costume

kootu

chemise de nuit

mmaa ataadeɛ a yɛde da

pyjama

pigyamas ataadeɛ

sari

sari

foulard

duku

turban

abotire

burqa

burka

caftan

kaftan

abaya

nkramofoɔ mmaa atadeɛ

maillot de bain

ataadeɛ a yɛde dware nsuo

maillot de bain

asenemu ataadeɛ

short

nika

tenue d'entraînement

agokansie ntaadeɛ

tablier

akatasoɔ

gants

nsa nkataho

bouton

bɔtom

lunettes

sopɛɛse

bracelet

ahwneɛ

collier

komadeɛ

bague

kawa

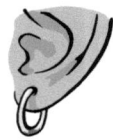

boucle d'oreille

asomadeɛ

bonnet

ɛkyɛ

cintre

yɛde koot sɛn so

chapeau

ɛkyɛ

cravate

abɔmene mu

fermeture éclair

zip

casque

ɛkyɛ denden

bretelles

bresis

uniforme scolaire

sukuu ataadeɛ

uniforme

adwuma ataadeɛ

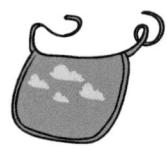

bavoir

mmɔfra bib

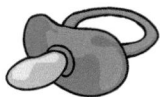

sucette

koliko

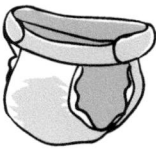

lange

nkwadaa napken

bureau

asoeɛ

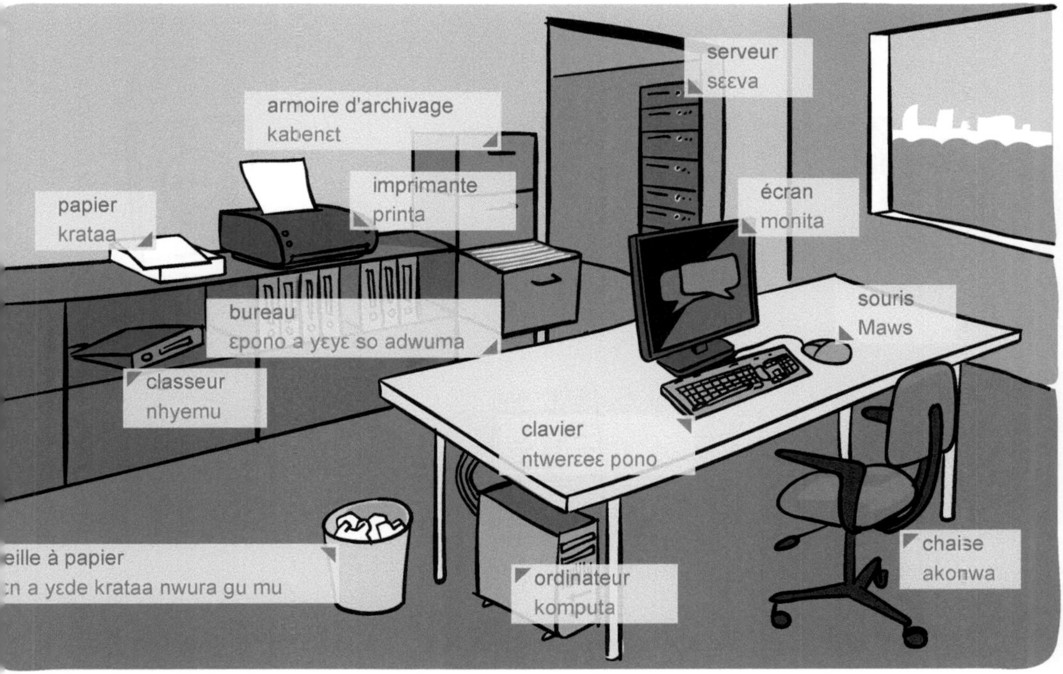

serveur
sɛɛva
armoire d'archivage
kabenɛt
imprimante
printa
papier
krataa
écran
monita
souris
Maws
bureau
ɛpono a yɛyɛ so adwuma
classeur
nhyemu
clavier
ntwerɛeɛ pono
eille à papier
n a yɛde krataa nwura gu mu
chaise
akonwa
ordinateur
komputa

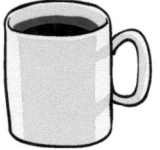

tasse de café

kɔfe kuruwa

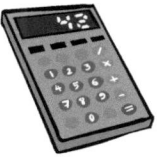

calculatrice

akontabuo fidie

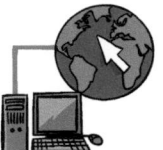

internet

intanɛt

ordinateur portable

laptop

lettre

lɛta

message

nkratɔɔ

portable

mobail kasafidie

réseau

nɛtwɛke

photocopieuse

fotokɔpi

logiciel

softwɛɛ

téléphone

tetefon

prise

sɔkɛt

fax

faks afidie

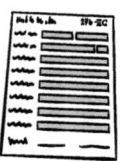

formulaire

katraa

document

nkrataa

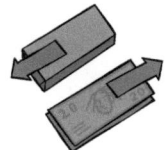

acheter
tɔ

payer
tua

faire du commerce
di dwa

monnaie
sika

dollar
dollar

euro
euro

yen
yen

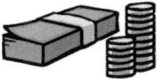

rouble
rubel

franc suisse
Swiss franks

renminbi yuan
renminbi yuan

roupie
rupii

distributeur automatique
baabi yɛtua sika

bureau de change

baabi a yɛ sesa sika

or

sika kɔkɔɔ

argent

dwetɛ

pétrole

now

énergie

ahoɔden

prix

ne boɔ

contrat

kontragye

taxe

ɛtoɔ

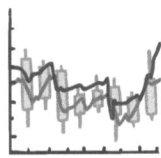

action

stɔk

travailler

adwuma

employé

adwumayɛni

employeur

adwumawura

usine

mfididwuma mu

magasin

sotɔɔ

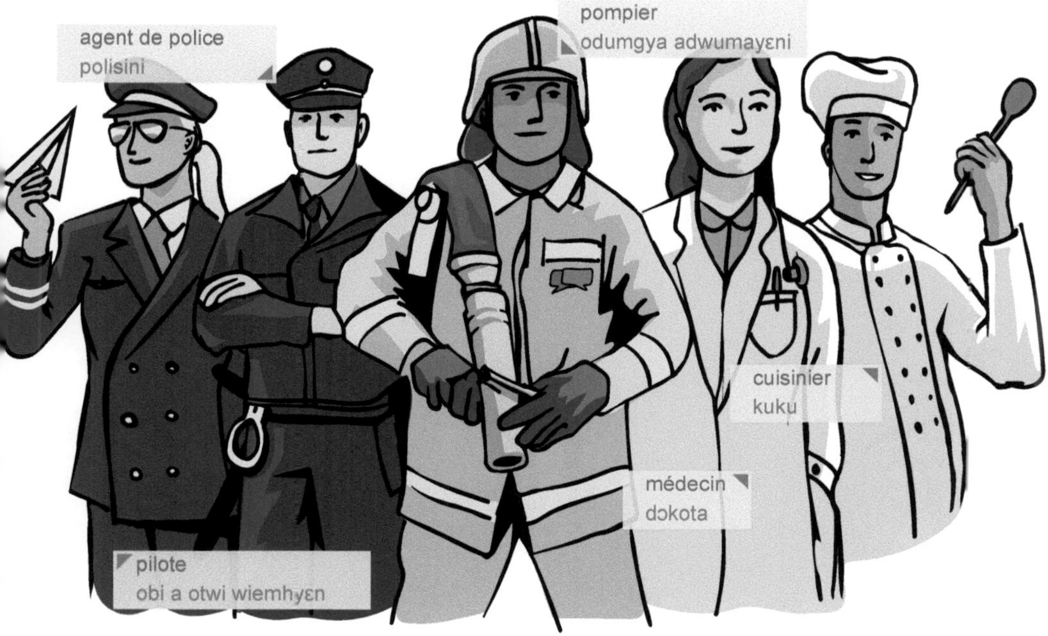

agent de police
polisini

pompier
odumgya adwumayɛni

cuisinier
kukʉ

médecin
dɔkota

pilote
obi a otwi wiemhyɛn

jardinier	menuisier	couturière
ɔyɛ afuo	dua dwomfoɔ	adepani baa

juge	chimiste	acteur
atɛnmuafoɔ	ɔtɔn nnuro	sini yɛfoɔ

conducteur de bus

bɔs drɔba

chauffeur de taxi

taisi drɔba

pêcheur

ɔpofoɔ

femme de ménage

ɔbaa a osiesie fie

couvreur

ɔbɔdanso

serveur

ɔsom adidieɛ

chasseur

bɔmɔfoɔ

peintre

penta

boulanger

ɔto paano

électricien

ɔyɛ nkaneɛ ho adwuma

ouvrier

ɔdansifoɔ

ingénieur

inginia

boucher

ɔdwa nam

plombier

plɔmba

facteur

krataa manefoɔ

soldat

sogyani

architecte

ɔdwi adan

caissier

ɔgyegye sika

fleuriste

ɔtɔn nhwiren

coiffeur

ɔyɛ tire

contrôleur

meeti

mécanicien

fitani

capitaine

nnipa a otwi suhyɛn

dentiste

ɛsee dɔkota

scientifique

abɔdeɛ mu nimdefoɔ

rabbin

rabi

imam

kramo panin

moine

ɔsɔfo

prêtre

ɔsɔfo

outils
anwenade

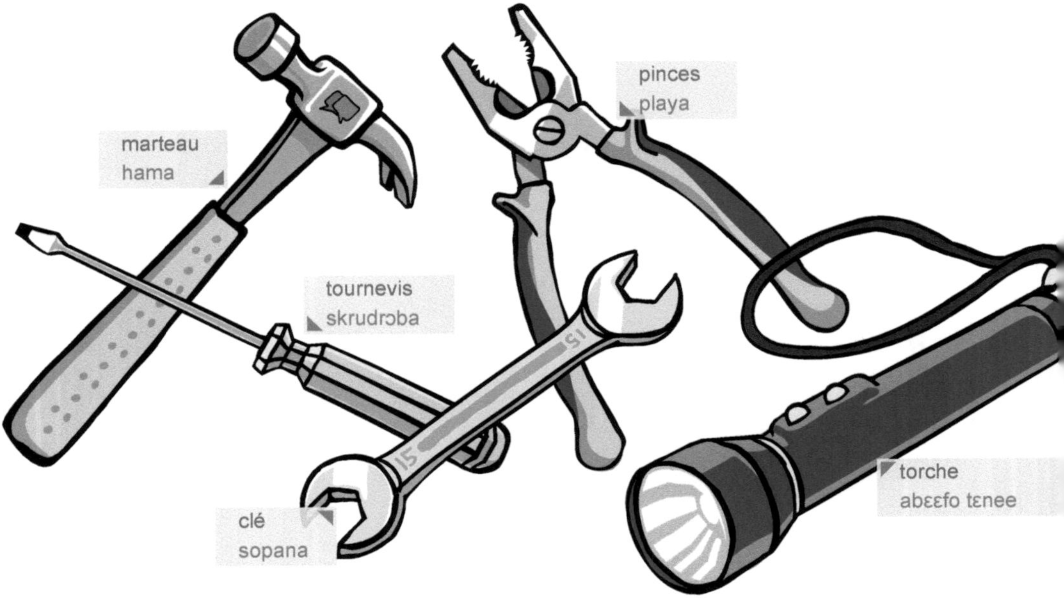

marteau
hama
pinces
playa
tournevis
skrudrɔba
clé
sopana
torche
abɛɛfo tɛnee

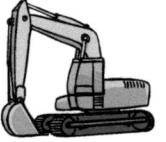

pelletеuse

otu amena

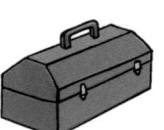

boîte à outils

anwenade adaka

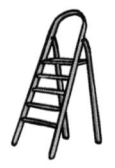

échelle

atwedeɛ

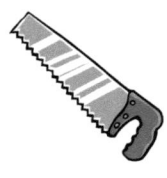

scie

asradaa

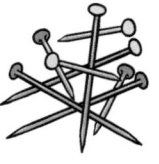

clous

nnadewa

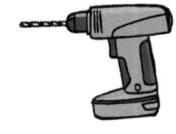

perceuse

afidie a yɛde bɔne tokro

réparer

siesie

pelle

sofi

Mince !

Ebei!

pelle

asanwura

pot de peinture

penti kukuo

vis

skruu

instruments de musique
nnεεma a yεde bɔ nwom

batterie
nneama a yεde bɔ ntwene

haut-parleurs
msopika a anoyεden

guitare
dwitae

contrebasse
bass dwitae kεseɛ

trompette
abεn

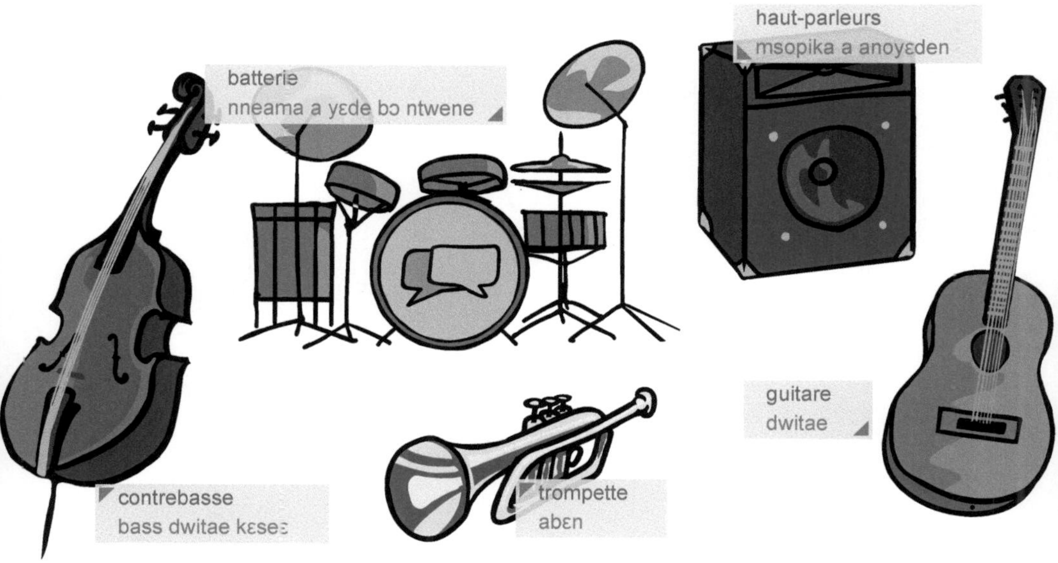

piano

sankuo

violon

ahoma sankuo

basse

bass dwitae

timbales

atumpan

tambour

ntwene

piano électrique

ntwerɛeɛ apa

saxophone

saksofon

flûte

atentenbɛn

microphone

maikrofon

entrée
ɛpono anɔ

tigre
cɛɔɔ

cage
mmoa dan

zèbre
zebra

alimentation animale
mmoa aduane

panda
panda

animaux
mmoa

éléphant
ɔsono

kangourou
kangaru

rhinocéros
raino

gorille
akatea

ours
sisire

chameau

afunuponkɔ

autruche

sohori

lion

gyata

singe

adwee

flamand rose

flamingo

perroquet

ako

ours polaire

awɔ mu sisire

pingouin

penguin

requin

oboodede

paon

akɔkonini abankwa

serpent

wɔwɔ

crocodile

dɛnkyɛm

gardien de zoo

nnipa ɛhwɛ zoo so

phoque

nsuo mu gyata

jaguar

sebɔ

poney

pɔnkɔ ba

léopard

etwie

hippopotame

susuono

girafe

kɔntenten

aigle

ɔkɔdeɛ

sanglier

kɔkɔte

poisson

apataa

tortue

sudandan

morse

walrus

renard

sakraman

gazelle

ɔtwee

american Football
Amerikafoɔ futbɔɔlo

cyclisme
skre twie

tennis
tennis

basket-ball
basketbɔɔlo

natation
nsuom adwareɛ

boxe
akutruku

hockey sur glace
asukɔkyea so hɔki

football
futbɔl

badminton
badmintin

athlétisme
mirikatuo

handball
bɔɔlo a yɛde nsa bɔ

ski
skii

polo
polo

sauter
huri

rire
sere

embrasser
bam

marcher
nante

chanter
to dwom

rêver
so daeɛ

prier
bɔ mpaeɛ

faire la bise
fe ano

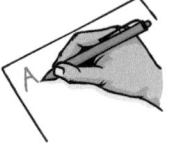

écrire

twerɛ

dessiner

dwi

montrer

kyerɛ

pousser

pia

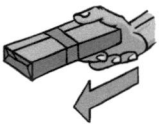

donner

ma

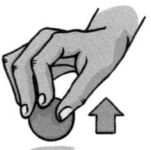

prendre

fa

avoir

nya

faire

yɛ

être

yɛ

être debout

gyina

courir

tu mirika

trier

twe

jeter

to

tomber

tɔ fam

être couché

da hɔ

attendre

twɛn

porter

soa

être assis

tenase

s'habiller

hyɛ ataadeɛ

dormir

da

se réveiller

nyane

regarder

hwɛ

pleurer

su

caresser

san ho

peigner

nunum

parler

kasa

comprendre

te aseɛ

demander

bisa

écouter

tie

boire

nom

manger

didi

ranger

yɛ nsiesie

aimer

ɔdɔ

cuire

noa

conduire

twi

voler

tu

faire de la voile

fa nsuo so

calculer

sese

lire

kenkan

apprendre

sua

travailler

adwuma

se marier

ware

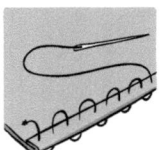

coudre

pam

brosser les dents

twitwiri wo se

tuer

kum

fumer

nom gyɔt

envoyer

mane

famille

abusua

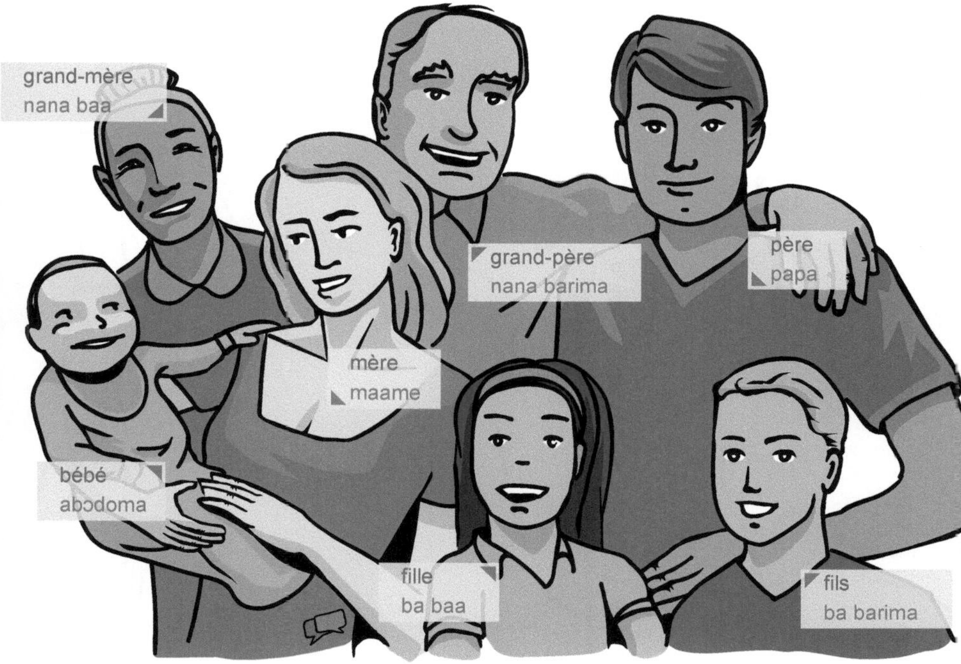
grand-mère
nana baa
grand-père
nana barima
père
papa
mère
maame
bébé
abɔdoma
fille
ba baa
fils
ba barima

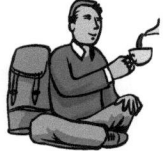

hôte
ɔhɔhoɔ

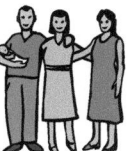

tante
sewaa

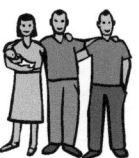

oncle
wɔfa

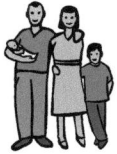

frère
nua barima

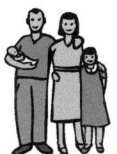

sœur
nua baa

front
moma

œil
ani

épaule
abɛtire

doigt
nsatea

visage
anim

menton
apantan

main
nsa

poitrine
nufoɔ

jambe
ɛnan

bras
nsa

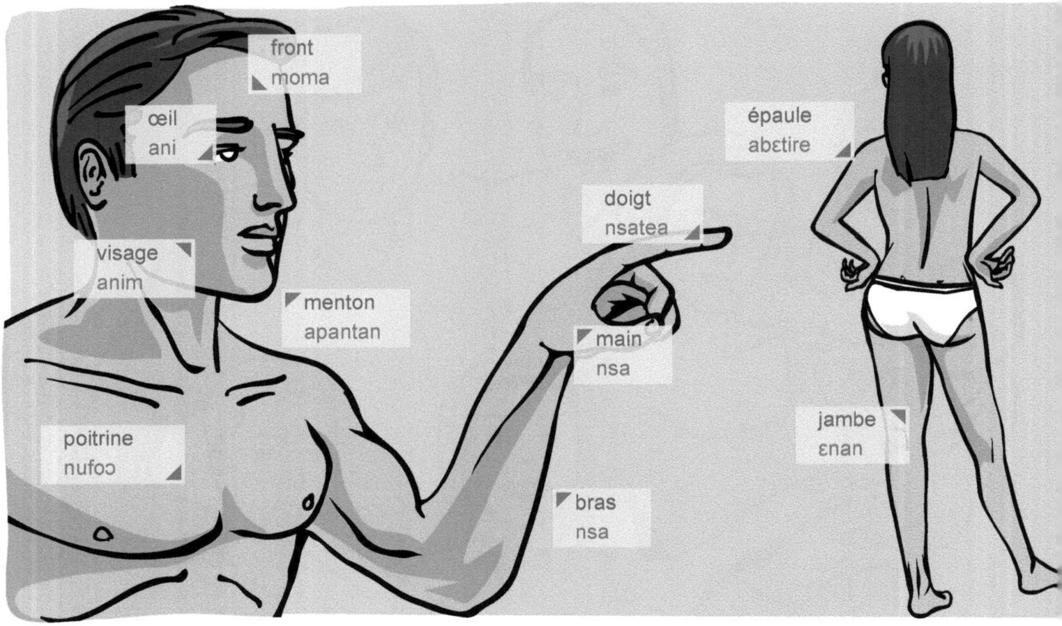

bébé
abɔdoma

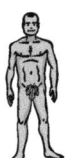

homme
barima

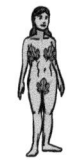

femme
ɔbaa

fille
abayewa

garçon
abarimawa

tête
etire

dos

akyi

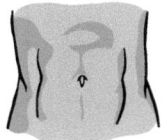

ventre

afro

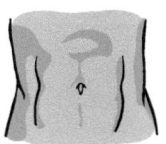

nombril

fruma

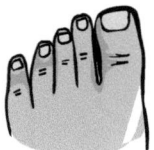

orteil

nansoa

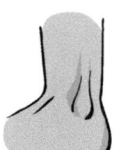

talon

nantini

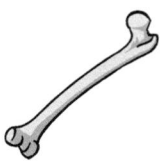

os

dompe

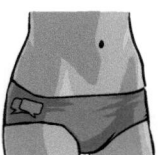

hanche

ataasɔɔ

genou

kotodwe

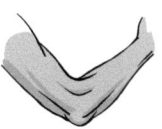

coude

abatwɛ

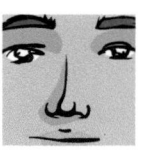

nez

ɛhwene

fesses

ɛtoɔ

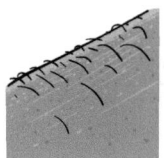

peau

wedeɛ

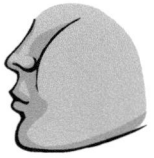

joue

afono

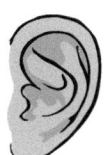

oreille

aso

lèvre

ano

bouche

anom

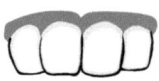

dent

ɛsee

langue

tɛkyerɛma

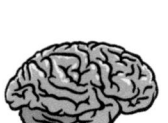

cerveau

adwene

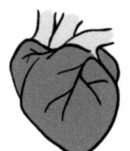

cœur

akoma

muscle

ntini

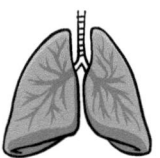

poumons

aharawa

foie

brɛbɔɔ

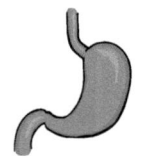

estomac

yafunu

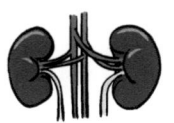

reins

asaa

rapport sexuel

nna

préservatif

kɔndɔm

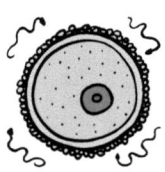

ovule

ɔbaa nkosua

sperme

barima ho nsuo

grossesse

nyinsɛn

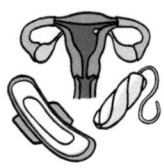

menstruation

nsabuo

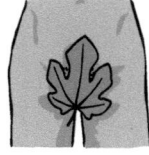

vagin

ɛtwɛ

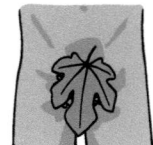

pénis

kɔteɛ

sourcil

anintɔn

cheveux

enwin

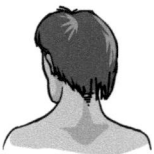

cou

ɛkɔn

hôpital
ayaresabea

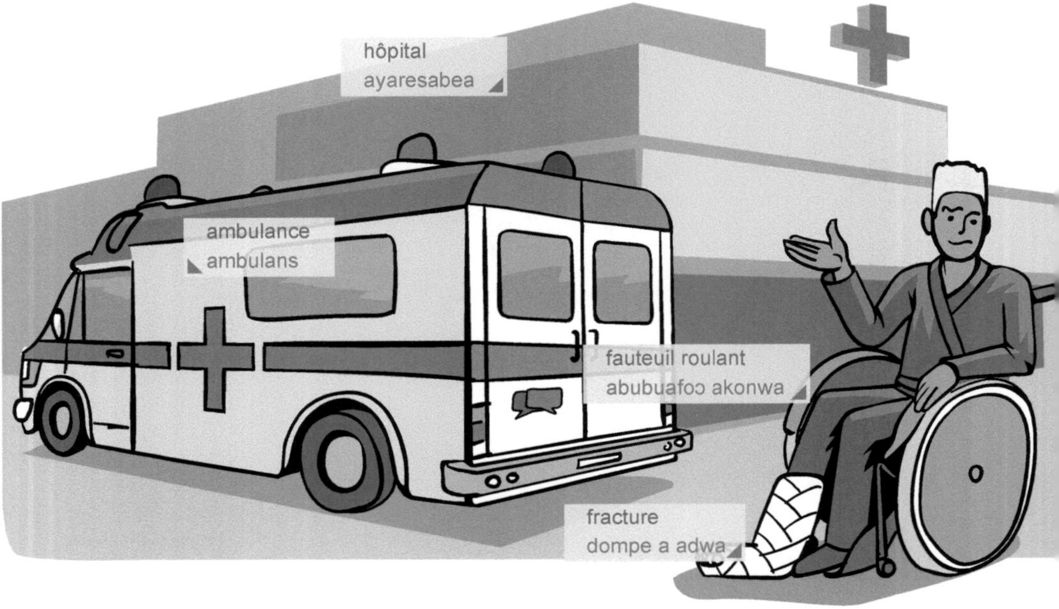

ambulance
ambulans

fauteuil roulant
abubuafoɔ akonwa

fracture
dompe a adwa

médecin

dɔkota

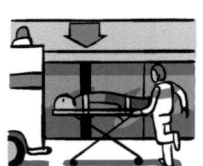

service des urgences

ɛdan a wɔde putupru nsɛm
kɔmu

infirmière

nɛɛse

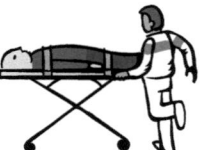

urgence

putupru

inconscient

wɔ atwa ahwe

douleur

yea

blessure

epira

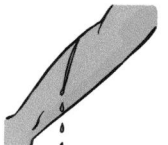

hémorragie

mogyatuo

crise cardiaque

akoma yarenini

attaque cérébrale

stroke yareɛ

allergie

allegyi

toux

ɛwa

fièvre

ahoɔhyeɛ

grippe

papu

diarrhée

ayamtuo

mal de tête

tipaeɛ

cancer

kokoram

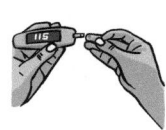

diabète

asikyire yareɛ

chirurgien

dɔkota a ɛyɛ oprehyɛn

scalpel

skapɛl sekan

opération

aprehyɛn

CT
CT

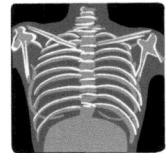

radiographie
x-ray

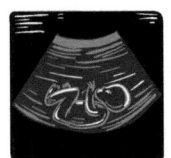

échographie
ultrasound

masque
nkatanim

maladie
yareɛ

salle d'attente
ɛdan a wɔ twɛn mu

béquille
krɔhyes

pansement
plasta

pansement
banege

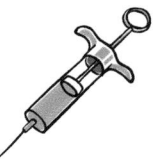

injection
paneɛ

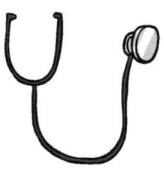

stéthoscope
Stetoskop

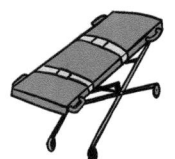

brancard
ahomankaa

thermomètre
afidie a esusu ahoɔhyeɛ

accouchement
awoɔ

surcharge pondérale
kɛseɛ mmorosoɔ

appareil auditif

afidie a ɛboa asɛmtie

désinfectant

aduro a ekum mmoawa

infection

yareɛ a mmoawa deba

virus

vaarɔs

VIH / sida

HIV / AIDS

médicament

aduro

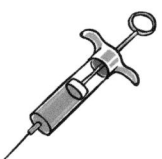

vaccination

aduro a esi yareɛ ano

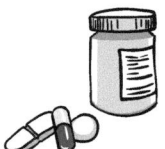

comprimés

aduro tablɛte

pilule

topaeɛ

appel d'urgence

ɔfrɛ wɔ putupru so

tensiomètre

afidie a esusu mogya mmrosoɔ

malade / sain

yareɛ / apomuden

Au secours !

Boa me!

alarme

kɔkɔbɔ

assaut

ɛborɔ

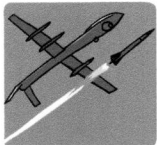

attaque

ato ahyɛ obi so

danger

ɛyɛ hu

sortie de secours

baabi a yɛfa de pue putupru so

Au feu!

Ogya!

extincteur

afidie a yɛde dumgya

accident

nkwanhyia

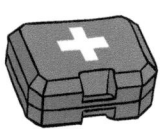

trousse de premier secours

nneɛma yɛde sɔ yareɛ ano

SOS

SOS

police

polisi

Europe

Yuropo

Amérique du Nord

Amerika atifi

Amérique du Sud

Amerika ananfoɔ

Afrique

Abiberm

Asie

Asia

Australie

Australia

Océan atlantique

Atlantik

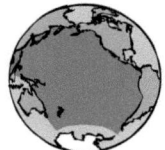

Océan pacifique

Pasifek

Océan indien

India po kɛseɛ

Océan antarctique

Antaatek po keseɛ

Océan arctique

Aatek po kɛseɛ

pôle nord

Ewiase atifi

pôle sud

Ewiase anaafoɔ

Antarctique

Antaatek

terre

Ewiase

pays

asaase

mer

ɛpo

île

supɔ

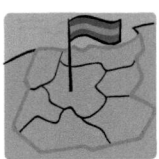

nation

ɔman

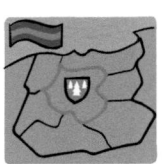

état

ɔman

cadran

klɔko no anim

aiguille des heures

dɔnhwere nsa no

aiguille des minutes

sima nsa

aiguille des secondes

anitɛtɛ nsa no

Quelle heure est-il ?

Abɔ sɛn?

jour

da

temps

berɛ

maintenant

seeseiara

montre digitale

wkye a nɔma wɔ so

minute

sima

heure

dɔnhwere

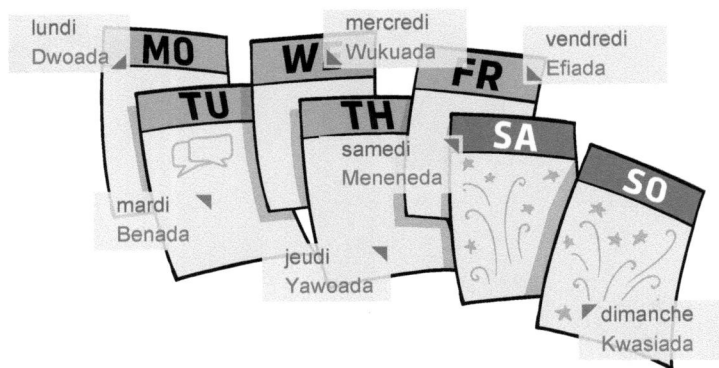

lundi
Dwoada

mercredi
Wukuada

vendredi
Efiada

mardi
Benada

samedi
Meneneda

jeudi
Yawoada

dimanche
Kwasiada

hier

ɛnora

aujourd'hui

ɛnora

demain

ɔkyina

matin

anɔpa

midi

prɛmtobrɛ

soir

anwumerɛ

jours ouvrables

adwuma nna

week-end

nnawɔtwe awieɛ

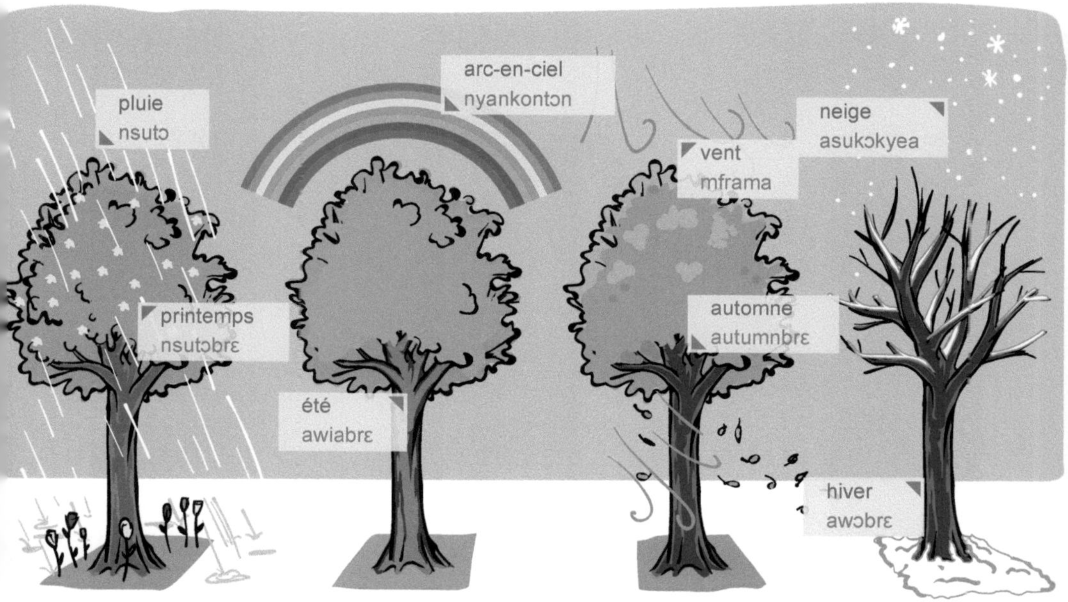

pluie
nsutɔ
arc-en-ciel
nyankontɔn
neige
asukɔkyea
vent
mframa
printemps
nsutɔbrɛ
automne
autumnbrɛ
été
awiabrɛ
hiver
awɔbrɛ

4.APRIL 11°
5.APRIL 4°
6.APRIL 13°
7.APRIL 8°
8.APRIL 10°

météo

ewiem nsakrɛeɛ

F C
120 40
90 30
60 20
30 10
0 0
-30 -10
-20

thermomètre

afidie a esusu ade ho hyeɛ

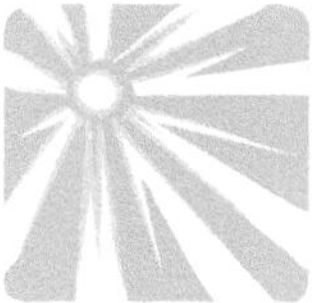

lumière du soleil

awiabɔ

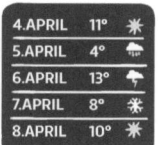

nuage

munukum

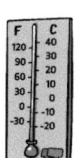

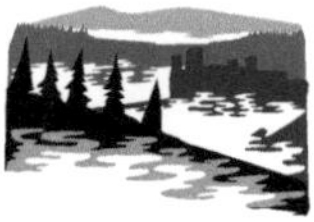

brouillard

ɛbɔ

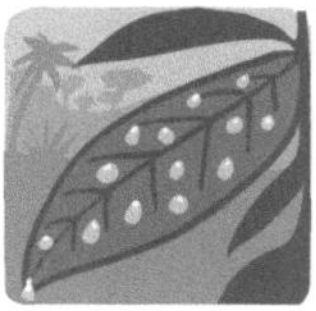

humidité

ewiem nsuo

foudre

ayerɛmo

tonnerre

apranaa

tempête

ehum

grêle

asukɔkyea

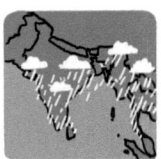

mousson

monsoonbrɛ

inondation

nsuyiri

glace

aise

janvier

ɔpɛpɔn

février

ɔgyefoɔ

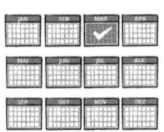

mars

ɔbɛnem

avril

Oforisuo

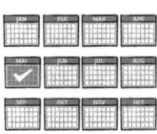

mai

Kotonimaa

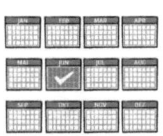

juin

Ayɛwohomumu

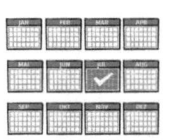

juillet

Kitawonsa

août

ɔsanaa

septembre
....
Ɛbɔ

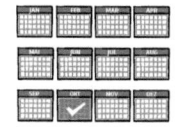

octobre
....
Ahinime

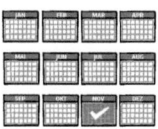

novembre
....
Obubuo

décembre
....
Ɔpɛnimaa

cercle
....
kanko

carré
....
sokwɛɛ

rectangle
....
rɛktangel

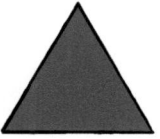

triangle
....
triangel

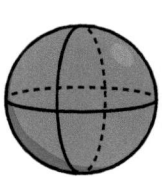

sphère
....
krukruwa

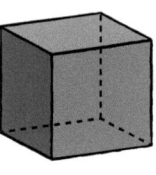

cube
....
adaka

blanc

fitaa

jaune

akokɔ sradeɛ

orange

ankaa

rose

pink

rouge

kɔkɔɔ

violet

pɛpol

bleu

bruu

vert

ahaban mono

marron

braun

gris

nson

noir

tuntum

beaucoup / peu
....
pii / ketewa

fâché / calme
....
wo boafu / wɔ adwo

joli / laid
....
ɛyɛ fɛ / ɛyɛ tan

début / fin
....
ahyɛseɛ / awieɛ

grand / petit
....
kɛseɛ / esua

clair / obscure
....
ɛha / esum

frère / soeur
....
nuabarima / nuabaa

propre / sale
....
ɛho te / ayɛ fin

complet / incomplet
....
awie / enwieɛ

jour / nuit
....
awia / anadwo

mort / vivant
....
awu / ɛte ase

large / étroit
....
emubae / ɛyɛ tea

comestible / incomestible

yɛde / yɛnni

méchant / gentil

bɔne / tema

excité / ennuyé

wɔ aniagye / wɔ ani nka

gros / mince

ɔso / teatea

premier / dernier

edikan / etwatɔɔ

ami / ennemi

adamfoɔ / atamfo

plein / vide

ayɛ mma / hwee nim

dur / souple

ɛdenden / mmerɛ mmerɛ

lourd / léger

ɛyɛ duru / ɛyɛ ha

faim / soif

ɛkɔm / nsukɔm

malade / sain

yareɛ / apomuden

illégal / légal

etia mmara / ɛwɔ mmara mu

intelligent / stupide

nyansa / gyimi

gauche / droite

benkum / nifa

proche / loin

ɛbɛn / akyire

nouveau / usé

foforɔ / dada

rien / quelque chose

hwee / biribi

vieux / jeune

wɔ anyini/ ɔsua

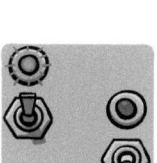

marche / arrêt

sɔ /dum

ouvert / fermé

bue / tom

faible / fort

dinn / dede

riche / pauvre

ɔdefoɔ / ohia

correct / incorrect

nifa / benkum

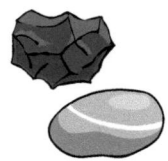

rugueux / lisse

werewerɛwerewerɛ / trontron

triste / heureux

awerɛhoɔ / anigyeɛ

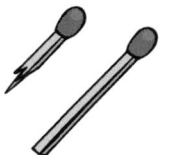

court / long

tietia / tenten

lent / rapide

nyaa / ntɛm

mouillé / sec

afɔ / awɔ

chaud / froid

dedɛɛdeɛɛ / adwo

guerre / paix

akoo / asomdweɛ

0	**1**	**2**
zéro	un / une	deux
hwee	baako	mienu

3	**4**	**5**
trois	quatre	cinq
meɛnsa	ɛnan	enum

6	**7**	**8**
six	sept	huit
nsia	nson	nwɔtwe

9	**10**	**11**
neuf	dix	onze
nkron	edu	du-baako

12
douze
du-mienu

13
treize
du-meɛnsa

14
quatorze
du-nan

15
quinze
du-num

16
seize
du-nsia

17
dix-sept
de-nson

18
dix-huit
du-nwɔtwe

19
dix-neuf
du-nkron

20
vingt
aduonu

100
cent
ɔha

1.000
mille
apem

1.000.000
million
ɔpepem

anglais

Brɔfo

anglais américain

Amerikafoɔ Brɔfo

chinois mandarin

Chainfoɔ Mandarin

hindi

Hindi

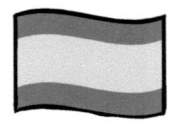

espagnol

Spainfoɔ kasa

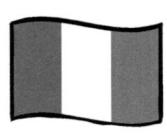

français

French kasa

arabe

Arabia kasa

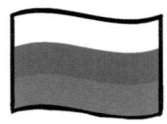

russe

Russianfoɔ kasa

portugais

Portugalfoɔ kasa

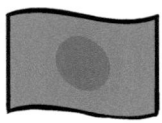

bengali

Bengali

allemand

Germanfoɔ kasa

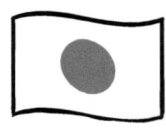

japonais

Japanfoɔ kasa

je

Me

tu

wo

il / elle / ce, c', cela

ono

nous

yɛn

vous

wo

ils / elles

ɔmmo

Qui ?

hwan?

Quoi ?

deɛ bɛn?

Comment ?

ɛyɛ deɛn?

Où ?

ehen?

Quand ?

dabɛn?

nom

edin

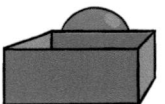

derrière

akyire

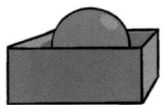

dans

emu

devant

anim

au-dessus

ɛsoro

sur

ɛso

en-dessous

aseɛ

à côté de

nkyɛn

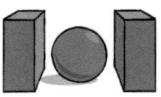

entre

ntɛm

lieu

beaɛ